発達障害の子の「イライラ」コントロール術

【監修】
有光興記
関西学院大学文学部 総合心理科学科教授

健康ライブラリー
スペシャル
講談社

まえがき

　この本を手にとっているお母さん、お父さんは、わが子がイライラしやすく、学校などで問題を指摘され、困っているのではないでしょうか。いろいろと注意しているのに、子どもがキレたり、暴力をふるったりしてしまう。そんな悩みをよく聞きます。私は子どものサポートのため、よく小学校や中学校に行きますが、そこでも先生たちから、キレやすい子の対応に苦慮しているという相談を受けます。

　イライラは、対処の難しい感情です。大人でも、イライラしてどうすればよいかわからず、感情を爆発させてしまうことがあるでしょう。子どもは、その難しい対処法を学ぼうとしている最中です。まだ発達の途中であり、うまくいかないことがよくあります。

　とくに発達障害（発達症）がある場合、生まれつきの特徴のために、他の子にとってはなんでもない場面でイライラすることがあります。いらだちをつのらせ、手がつけられないほど爆発したりもします。

　そのような生活が続くと、子どもは小学校高学年になる頃には、周囲から嫌われ、孤立していきます。そして親や先生も、対応をなかばあきらめてしまうようになるのです。

　しかし、イライラしやすい子は、そうしたくてしているのではありません。発達障害の特徴があるなど、やむにやまれぬ理由でそうなっているのです。感情の爆発はたすけを求めるサインでもあるのですが、彼らは頭ごなしに叱られ、誰にも悩みを聞いてもらえずにいます。

　イライラしやすい子が一見、自己中心的にみえる行動をしていたとしても、まずは彼らの気持ちを聞いてみてください。その子はどう考えていて、どのような対応を必要としているのか。それを、この本を使いながら、確認していただければと思っています。

　この本には「イライラ」コントロール術というタイトルをつけました。感情を完全にコントロールすることはできませんが、コントロールできること、できないことを親子でいっしょに考え、自分たちなりの対応術を身につけていくことはできます。長い道のりかもしれませんが、親子ならとりくんでいけると思います。

　この本をきっかけに、多くの子どもたちとその家族のイライラが解消することを、心より願っています。

関西学院大学文学部総合心理科学科教授
有光興記

発達障害の子の「イライラ」コントロール術

1 イライラがおさえられない子どもたち

2 イライラ対策の前にやっておきたいこと

3 イライラコントロール 初級編 まずは黙って子どもの言い分を聞く

4

イライラコントロール 中級編

「怒った結果」を親子で考える

5

イライラコントロール 上級編

イライラが小さいうちに対処する

子どものためにできること

どうしてイライラするのか、親子で考えてみよう

1　子どもがイライラしやすく、ちょっとしたことで暴れたり暴言を吐いたりして問題を起こしていたら、どうしますか？　多くの親は、その子を叱るでしょう。

友達を叩いちゃ
ダメだって言ったでしょ！
何度言ったらわかるの！

2　しかし、ただ叱るだけでは、子どものイライラはなかなかおさまりません。それどころか、子どもの反発を招いたり、子どもを追いつめてしまったりすることもあります。

叱るだけでは解決しない

イライラしやすい子を「やめなさい」「落ち着いて」などと叱っても、なかなか解決にはつながらないでしょう。大人だって、イライラをおさえこむのは大変です。子どもを叱る前に、怒りをしずめることの難しさを知っておいてください。

くわしくは第２章へ

3　やみくもに叱るのではなく、子どもがなぜイライラするのか、考える必要があります。じつは、イライラしやすい子の多くは、そうしたくて、しているのではありません。

4　その子たちは、友達との関係や勉強の難しさなどに深く悩んでいます。自分なりに努力や工夫をしても悩みが解決できず、イライラしているのです。

5　一生懸命がんばってもうまくいかず、その努力を誰にもわかってもらえず、結局いつも自分ばかりが叱られる。そんな思いをしている子どもがいます。彼らのつらさを、理解してあげてください。

どうして イライラしやすいのか

発達障害の子には、その子なりの言い分があります。ただイライラしているのではなく、自分の感じ方や考え方が理解されないことに傷つき、反発しているのです。どうしていらだっているのか、子どもの言い分を聞いてみてください。

くわしくは第３章へ

今日、ケンカ
しちゃったんでしょう。
なにが嫌だったの？

6

子どもは、イライラするしかない状況に追いこまれているのかもしれません。子どもの言い分に耳を傾けてみてください。

7

親がしっかりと話を聞くようにすれば、子どもは少しずつ落ち着いてきます。大きなトラブルは減り、親子でイライラについて話し合うこともできるようになっていきます。

親子でいっしょに考えてみよう！

イライラをおさえこむのではなく、どうしてそんなふうに感じるのか、親子でいっしょに考えてみましょう。それが、イライラを減らすための最良の策です。いらだつわけがわかれば、その対策をとることができるのです。

くわしくは第４章・第５章へ

8

ある程度落ち着いてきたら、これからイライラにどう対処していくか、親子でいっしょに、ゆっくり考えはじめましょう。

1

イライラがおさえられない子どもたち

いつもイライラしていて、キレやすい子がいます。
親や教師、友達はなすすべがなく、途方にくれますが、
じつはその子自身も同じ気持ちでいます。
どうして自分の思いが理解されないのか、
そのわけがわからず、困っているのです。

Aくん 小6男子 の場合

暴れて逃げまわり、羽交い締めにされた

プロフィール

　Aくんは体格のよい男子です。同級生としょっちゅうケンカをして、問題になっています。ASD、ADHD（どちらも20ページ参照）の特性が重複してみられます。

形としては謝罪するが、Aくんは自分が悪いとは思っていないので、態度が悪い

1

　Aくんは、自分が正しいと思っていることを同級生に否定されると、激しく怒り、ときには手が出てしまいます。相手にケガをさせてしまい、親子で謝りに行ったことが何度もあります。

Aくんは相手が悪いと思っているのに、いつも自分が叱られるので、イライラする

2 Aくんは正義感の強い子で、彼なりの言い分があるのですが、それが友達や先生にはなかなか理解されません。ケンカのあとには先生から「そんなことで怒るんじゃない」「反省しなさい」と厳しく叱られます。

ある日、Aくんがイライラして暴れ出すと、警戒していた先生に羽交い締めにされた

3 Aくんは、学校で不当な扱いを受けていると感じていました。友達にも先生にも警戒され、味方だと思える人はひとりもいませんでした。そんなすさんだ気持ちですごしているので、すぐにまたケンカになるのです。

4 気持ちをおさえようとしても、どうしてもできず、ケンカをくり返すうちに、Aくんは問題児になってしまいました。暴れては逃げまわり、ついには先生たちに力ずくでおさえつけられるようになりました。（44ページに続く）

Aくんへの対応

Aくんには、言い分を聞いてくれる相手が必要です。おさえつけるよりも、その場から引き離して、親や先生が1対1でAくんの話を聞きましょう。彼の言い分を聞いてから、謝りに行きます。また、どんなことに腹が立つのか、大人とAくんでいっしょに整理するのもよいでしょう。

対応1、5、10へ

※対応1～15は、第3章～第5章に掲載されています。
対応1から15まで順番にとりくんでいきますが、
Aくんには対応1、5、10がとくに重要です。

Bさん
小4女子
の場合

友達がほめられると嫌がらせをしてしまう

プロフィール

Bさんは学力が高い女子です。成績がよいことに誇りをもっていて、勉強で他の子に負けることを極端に嫌がります。ASDの特性があります。

1　Bさんは、友達が勉強のことで先生や同級生にほめられていると、イライラしてしまいます。自分がより高く評価されるべきだと考えているからです。

友達の成功をいっしょに喜んであげることができない。「私のほうがすごい」と主張することもある

2 友達にテストの点数で負けたときには、くやしさのあまり、嫌がらせをしてしまいました。友達のものを、こっそりゴミ箱に捨てたのです。

知らない。
私じゃないよ
ゴミ

Bさんは友達がほめられるたびに文句を言っていたので、疑われた。しかし真っ向から否定した

3 一度は隠し通せましたが、Bさんは同じような嫌がらせをくり返し、すぐにまわりに見抜かれました。そして先生や同級生から、厳しく注意されました。

私じゃないって
言っているでしょ！
いじめはやめてよ！

嫌がらせをしておきながら、注意されたら「いじめだ」と言って、まわりを非難しはじめた

4 ところがBさんは、そこで反省の色をみせず、先生や同級生に対して「逆ギレ」したのです。（62ページに続く）

Bさんへの対応

このトラブルを客観的にみれば、Bさんが勝手にイライラして、八つ当たりをして、逆ギレをしているということになるでしょう。しかしBさんにも言い分があります。彼女の話を聞き、なにが彼女をイライラさせているのか、理解してください。そして、逆ギレした結果について、いっしょに考えてみましょう。

対応2、6、8へ

Cくん 小5男子 の場合

突然の暴言や暴力がPTAで大問題に

プロフィール

Cくんは元気で明るい男子。サッカーが得意な人気者です。ただ、小さい頃から急にキレて暴力的になることがあり、それが悩みの種になっています。ADHDの特性があります。

小さなトラブルはあったが、友達はたくさんいて、基本的には問題なく生活している

1 幼稚園の頃からちょっと短気なところはありましたが、大きな問題は起こさず、元気にすごしてきました。ただ、ときどき幼稚園や学校から注意されることはありました。

2　大きな問題はないのですが、キレやすいところが変えられず、親はその点がずっと気がかりでした。そしてある日、心配していたことが起きたのです。

作業が思い通りにできず、イライラしているときに悪口を言われ、Cくんはキレた

3　Cくんは仲のよくない同級生から悪口を言われ、衝動的に殴りかかってしまいました。暴言を浴びせながら、相手を一方的に叩き、大問題になりました。

後日、PTAからCくんの母親に連絡があり、謝罪となんらかの対策を求められた

Cくんへの対応

どんな理由があっても、暴言や暴力は許されません。しかし重大な間違いとはいえ、Cくんにも言い分がありますから、じっくり話を聞きましょう。そのあとで、Cくんと相手それぞれの落ち度を確認します。今後の対策としては、怒りをしずめる言葉を覚える方法が役に立ちます。

対応4、7、15へ

4　相手にも落ち度はありましたが、Cくんが暴力をふるったのは事実。この問題はPTAでとりあげられ、Cくんも家族も責任を感じ、落ちこんでしまいました。
（80ページに続く）

Dくん

小3男子

の場合

プロフィール

Dくんは、マイペースな男子です。ASDの特性があります。怒りっぽい子ではないのですが、ささいなことでキレるときがあり、まわりの子に嫌がられています。

列に割りこんでおいて、謝らずにキレる

1

他の子が列になって並び、順番を待っているときに、Dくんは平気で割りこむことがあります。とくに、はじめて経験する場面では、横入りをしてしまいがちです。

みんなが手を洗うために並んでいるところへ、Dくんは体をぶつけるようにして横入りをした

また同じことをして、相手に「割りこまないで、うしろに並んで」と言われたが、Dくんは言い返した

2 割りこんでも、勘違いだったと言って謝り、以後気をつければ、大きな問題にはなりません。しかしDくんは、とくに謝らず、同じことをくり返していました。

3 Dくんはまわりから注意されると、謝らないどころか、「逆ギレ」して、相手を責めました。イライラして、「勝手に並んでいるほうが悪い」と言ったのです。

4 まわりの子は「Dくんには注意をしてもムダだ」と考えはじめました。Dくんはクラスで嫌われ、さけられるようになってしまいました。

そのうち、Dくんが歩くとクラスのみんながサーッとよけるようになった

Dくんへの対応

大人は、小3になれば列に並ぶことぐらい、言わなくてもわかるだろうと考えがちです。しかし、ASDの子は年齢相応の社会性が身につきにくいもの。年齢にとらわれず、丁寧に教えてあげてください。また、怒って言い返す以外の対応法や、ありあまるエネルギーの発散法をいっしょに探すのもよいでしょう。

対応3、9、14へ

Eさん 中1女子 の場合

勉強へのいらだちから家出をくり返す

プロフィール

Eさんは小学生の頃から勉強が嫌いです。いくら努力してもうまくいかず、成績を上げることはあきらめています。その背景には、LD（20ページ参照）の特性があります。

1

小学生の頃に、漢字テストがほとんどできず、Eさんはいつも親や先生に叱られていました。いまではどの教科も、ノートを開くことさえ億劫なくらい、嫌になっています。

叱られ続けてきたため、勉強によいイメージがない。やる気が出ない

2 宿題も手をつけず、テスト勉強もしないため、Eさんはいまも毎日のように親から小言を言われていて、親に反抗するようになってきました。

そんなことじゃ、どこの高校にも行けないぞ！

Eさん自身もよくないとわかっているのに、毎晩親に叱られ、否定される

3 家にいてもくつろげず、Eさんはひんぱんに外出するようになりました。小学生の頃は友達の家などで遊んでいましたが、最近は深夜にも出かけてしまいます。

コンビニ
コンビニ
〇〇チキン!!

コンビニエンスストアなどをふらつき、朝まで友達と話している

4 家出をしてしまい、朝まで家に帰らないことが、一度や二度ではありません。夜遅くに外で騒ぎ、警察に通報されたこともあります。親はEさんがいつかトラブルに巻きこまれるのではないかと心配しています。

Eさんへの対応

Eさんにはまず学習面の支援が必要です。そのうえで、イライラしたときの気分転換のコツや、イライラをしずめるための行動パターンをいっしょに考えていきましょう。自分の体の変化から、イライラを実感する練習をすることも有効です。

対応11、12、13へ

困難に直面しやすい子どもたち

発達障害とは

発達障害は、先天的な脳機能障害です。最近では「発達症」とも呼ばれます。ASD や ADHD などの種類があり、それぞれに「特性」があります。特性がその子のイライラにつながっている場合があります。

ASD

自閉スペクトラム症。こだわりが強く、対人関係が苦手なタイプ。まわりの人には「ささいなことでキレる子」だと思われがち

ADHD

注意欠如・多動症。落ち着きがないタイプ。衝動的な言動が目立ち、まわりの人には「急にキレる子」だと思われがち

SLD(LD)

限局性学習症。一般的には LD（学習障害）とも呼ばれる。特定の教科の勉強が苦手。まわりの人には「勉強が嫌いで、すぐイライラする子」だと思われがち

特性が生活上の困難につながりやすい

発達障害の子には「こだわりの強さ」や「多動」といった特性があります。それらの特性は、社会生活上の困難を引き起こすことがあります。たとえばこだわりが強すぎるために、まわりの子と協調できなかったりするのです。

そのとき、本人やまわりの人が特性を理解できていれば、多少の問題があっても対処できたり、サポートしてもらえたりします。困難が軽減するのです。

いっぽう無理解な環境では、本人が自分なりに努力しても、周囲になかなか認めてもらえず、ストレスがたまります。発達障害の子には理解と支援が必要です。

友達が会話の内容やペースを合わせてくれれば、イライラせず、いきいきとすごせる

発達障害への基本的な対応

発達障害の子には、理解と支援が必要です。その子の特性に合った生活を組み立てていけば、困難は減り、社会へ十分に適応できます。

生活上の困難

発達障害の特性は、生活上の困難につながりやすい。たとえば不注意が、勉強や仕事のさまたげになる

理解・支援

子どもの特性をその子本人とまわりの人がよく理解し、支援することで、生活上の困難は確実に減る

安心・適応

支援によって暮らしやすい環境が手に入れば、子どもは安心する。得意なことをいかし、社会に適応できるようになっていく

無理解・放置

特性への理解が得られず、苦手なことを強要されたり、放置されたり叱責されたりすると、生活上の困難が増える

イライラ・不適応

困難に直面し、失敗をくり返し、怒られることで、イライラがつのる。社会に適応しにくくなる

発達障害の子はイライラしやすいのか

支援がなければイライラしやすくなる

発達障害の子がみんな、必ずしもイライラしやすいわけではありません。イライラしやすくなるのは、発達障害があることへの理解や支援を得られない場合です。

発達障害の特性があって生きづらいのに、そのことを誰にもわかってもらえなければ、つらい思いをして当然です。イライラもするでしょう。

無理解な環境では、子どもたちは苦手なことをしいられます。そして反発すれば、言い訳ととられるのです。彼らのいらだちは、悲痛な叫び声のようなものです。彼らは否応なくイライラさせられていることを、知ってください。

イライラの背景

イライラしやすいことの背景には、特性への無理解と、まわりの人との相互作用があります。2つの要素がからまり合って、イライラにつながっています。

発達障害特性への無理解

発達障害の子には「空気が読めない」「落ち着きがない」といった特徴的な言動がみられる。それが「イライラしやすい」という印象を与えることがある。

- ASDの子の不用意な言動が、イライラしてキレた様子にみえる
- ADHDの子が体を動かし続けていると、イライラした様子にみえる

まわりの人との相互作用

発達障害の子とまわりの人は、互いに理解し合えず、相手を責めるような関係になることがある。悪循環が続くと、両者のイライラは増幅していく。

- 発達障害の子は周囲に同調できず、理解されていないと思っていらだつ
- まわりの人は発達障害の子が身勝手だと考えていらだつ

誤解が子どもを追いこんでいる

発達障害への理解が得られないまま、責められたり、叱られたりしていると、子どもは人を信じられなくなり、孤立していきます。本人にしてみれば、抵抗して怒りをぶつけるしかない状況になっていくのです。

味方がひとりもいない環境で、子どもたちは悲痛な思いをしている

我慢を求められる

「他の子と足並みをそろえて」「落ち着いて」「集中して」などと注意され、苦手なことを強要される

まわりと対立してしまう

もともと本人にはいがみ合う気はないのに、何度も叱られるうちにまわりと対立する

みんなに嫌われる

わざと人を傷つけようとしているわけではないのに、身勝手だと思われ、嫌われてしまう

わかってもらえない悲しさ

一生懸命がんばっていても「努力不足」「自分勝手」などと注意される。いつも悪者扱いされ、思いが伝わらないことに絶望する

怒るしかない状況に

なにを言っても状況がよくならず、自分の思いを伝えるためには、怒るしかない状況になっていく

イライラが増幅していく

Column

これはさけたい

子どもの怒りを誘うセリフ10

要求が多すぎるのはダメ

子どもを叱るときには、親として要求しすぎないように気をつけてください。これをしなさい、あれはやめなさいと要求してばかりいると、子どもの怒りを誘います。まずは子どものやり方を認めましょう。

言うことを聞いて！
（要求する）

ちゃんとやらないから
（子どものやり方を否定する）

当たり前じゃない
（頭ごなしに言う）

たいしたことじゃないよ
（子どもの悩みを軽視する）

やめなさい！
（強圧的な大声）

ダメね～
（感情的な否定）

どうしてできないの
（理由をただす）

○○しちゃダメ
（禁止する）

どうせ同じでしょ
（決めつける）

知らないよ
（突き放す）

2

イライラ対策の前にやっておきたいこと

発達障害への理解が得られず、
イライラしやすくなっている子には、
なんらかの対応が必要です。
しかしその前に、親自身がイライラ対策を
実践してみましょう。親もまた、
イライラしやすくなっている場合があります。

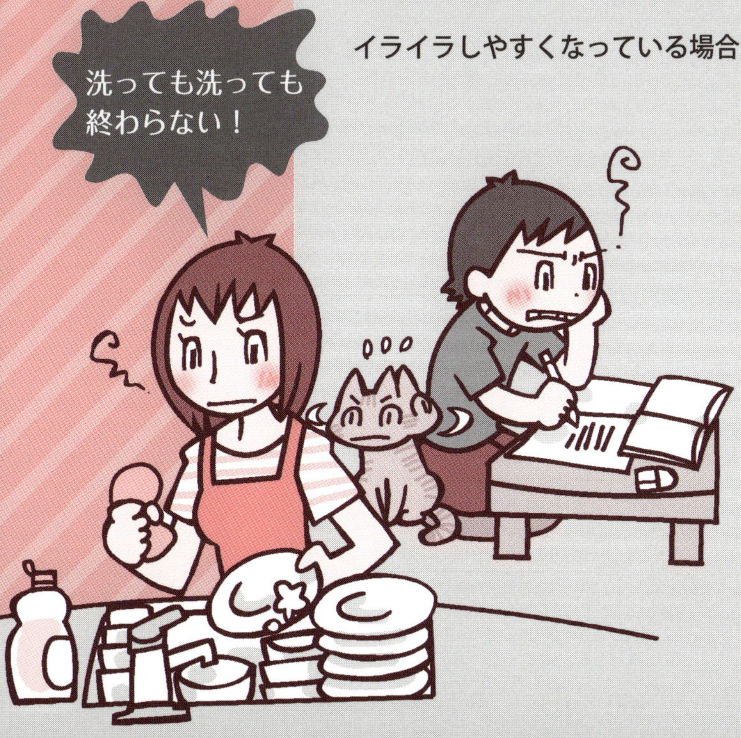

まずはゆっくり、家族のアルバムをみる

対策をはじめる前にひと呼吸おく

子どものイライラ対策をはじめる前に、ひと呼吸おきましょう。多くの親は、子どもの問題に苦労して、余裕がなくなっています。その状態では、なかなか対策がとれません。まずは休憩です。

休憩として、趣味の活動をしたり、友達に会ったりするのもよいのですが、一番のおすすめは、家族のアルバムをみることです。

写真には、子どもが問題を起こした場面はまず写っていません。子どもがうまくできた瞬間や、その子の最高の笑顔が写っています。写真の愛しい瞬間をみることで、心が休まり、わが子ともう一度向き合うことができるのです。

余裕がなくなっている

子どもがイライラしやすく、問題をよく起こしていると、親はその後始末に追われ、余裕がなくなっていきがちです。

日々の家事に追われながら、学校や他の親に連絡もしなければならない

子どもの問題で頭がいっぱい

目の前の問題に対処するだけで精一杯。子どもの気持ちや特性に向き合う余裕がない

親子で被害者意識になってくる

「どうして自分たちばかり、こんな目にあうんだろう」と、被害者意識が出てくる

家族の幸せをみつめ直すことで、心身がリラックスする。子どもと自分のよい面に目が向くようになる

ちょっと休んでアルバムをみる

余裕のない状態でイライラ対策をはじめようとしても、難しいでしょう。まずは少し休んでください。用事を先送りにしてでも時間をつくって、家族のアルバムをながめたり、日頃できなくなっている趣味や交流を再開しましょう。

家族のアルバムを開く

過去に撮った写真をみる。写真にはよい思い出がたくさん写っている。つらいことばかりではないのだと実感できる。目の前の問題から意識が離れ、少し楽になる

- 幸せな瞬間を思い出し、気分が変わる
- 自分や家族への印象が一新される

やめた趣味を再開する

子育てに追われて趣味をやめてしまった人は、少しずつ、その活動を再開する

マッサージを受ける

体のこりをやわらげることでもリラックスできる。気持ちに余裕が出てくる

友達に久しぶりに会う

しばらく会えていない友達がいれば、連絡をとってみる。以前の自分を思い出す

子どもの好きなことをする

親がさせたい習い事などは一時中断し、子どもの好きなことに時間を使う

休日に予定を入れない

あまり休めていないのなら、1～2日でもよいので、なにも予定のない休日をつくる

十分にがんばってきた日々を振り返る

親も子もできていることがたくさんある

よく問題を起こす子とくらしていると、どうしても、その子のよくない面に目が向きやすくなります。とくに発達障害の子の場合、苦手なことが目立つため、親はそこを気にしてしまいます。

しかし、子どもには必ずよい面もあります。できていることもあります。そこに目を向けましょう。問題が小さくみえるようになり、親のイライラは軽減します。

そして同時に、親自身も、自分がけっしてダメな親ではないことをわかってください。親にも必ずできていることがあります。

親も子も、いままで十分にがんばってきたのです。

ささやかな幸せを思い出す

アルバムをみたり、家族と思い出話をしたりして、幸せだったひとときを振り返ってみてください。自分や家族のよい面に意識が向きやすくなります。目の前の問題にとらわれていた心が、解放されていくのです。

子どもがはじめてひとりで着替えられた日のこと、そのときのうれしかった気持ちを思い出す

成長を喜んだ日

子どもは生まれてからいままでに、たくさんのことを学び、身につけている。その成長をいっしょに喜んだ日のことを家族と語り合う

家族で山に登った日のことを思い出す。その日の子どものがんばり、互いの思いやりを、具体的なエピソードを挙げながら語り合う

思い出の場所

子どもといっしょに出かけた思い出の場所のことを振り返る。そこで交わしたやりとりを家族と語り合い、思い出を分かち合う

音やにおいを思い出す

過去の出来事を語り合うときには、そのときみたものや聞いた音、感じたにおいなどを思い出すと、なおよい。当時の感覚と気分がセットで記憶されている場合がある。たとえば野鳥の鳴き声を思い出すことで、当時の幸福感がよみがえったりする。

大笑いした瞬間

家族みんなで大笑いした瞬間や、一番うれしかった出来事などを思い出す。振り返るうちに当時の気持ちがよみがえってくる

振り返ることで家族の絆が強くなる

思い出話を通じて、子どもや家族、まわりの人への感謝の気持ちに気づくことができます。相手に対するポジティブな思いを伝えるチャンスができ、そのやりとりによって、家族の絆が強くなります。

イライラ対策にも、協力してのぞめるようになるのです。

何気ない一言

思い出に残っている言葉を振り返る。何気ない一言が、相手の支えになっていたりする。思いやりのある自分を思い出す

大人だって、毎日イライラしている

大人も子どもも同じ

イライラしているのは、子どもだけではありません。問題が多く、悩みが多ければ、親もいらだちます。

子どものイライラ

子どもは多くの場合、自分のいらだちをもてあましている。大人のサポートが必要。とくに発達障害の子は、イライラを自覚したり対処したりするのが苦手。

大人のイライラ

大人は子どもに比べればイライラ対策が上手だが、それでも、イライラした気持ちに振り回されることもある。

子どもは宿題に、親は家事にイライラ。イライラ対策は、親にとっても必要なもの

イライラは子どもだけの問題ではない

アルバムをみたり家族と話したりして、気持ちに少し余裕が出てきたら、次のステップへ進みましょう。

今度は、親が自分自身のイライラと向き合います。子どもの問題にとりくむ前に、まず親が、ふだんどれくらいイライラしていて、その気持ちにどう対処しているか、考えるのです。

いらだちは、負の感情です。自分の負の感情と向き合うのはつらいもの。このステップに入る前に、気持ちに少しでも余裕をもっておくことが大切です。家族のアルバムをみたりするのは、そのためでもあるのです。

自分のイライラを理解する

子どものイライラ対策をはじめる前に、まずは親が自分のイライラと向き合ってみましょう。ただ考えるだけでは難しいので、具体的なエピソードを出したりしながら、掘り下げていってください。

「上司が自分のミスを認めないことに腹が立った」など、自分の感じたイライラを書き出してみる

最近イライラしたことを書き出す

親が最近イライラしたことを思い出し、ノートなどに書き出す。3つ書いて順位をつけると、イライラには強弱があることがわかる

1日だけ、怒るのをやめてみる

怒ることが習慣化している場合がある。試しに1日だけやめてみる。ふだん、なににどのくらいイライラしているのか、実感できる

3つのキーワードで怒りを分類する

エピソードを「個人的に腹が立ったこと」「悲しかったこと」「世の中に憤ったこと」の3種類に分けると、イライラの多様性がみえてくる

意外な気づきがある

イライラの強さや種類を意識したり、怒らない日をすごしてみると、気づきがある。怒らないことのよさや、自分が思っていたより怒りっぽいこと、子どもより夫婦関係にイライラしていることなどがわかる。

イライラとは

親のいらだちが、子どもに移ることがある

親子のイライラの悪循環

親子は長時間いっしょにいるため、どちらかがイライラしていると、その影響で相手もイライラしてしまうことがあります。

親のイライラ

仕事や隣人との関係など、子育て以外のことでイライラしている。そのせいで子どもや家族にきつく当たってしまうことがある。

親のいらだちが言葉や態度などを通じて子どもに伝わる。子どもが影響を受ける

子どものイライラ

勉強や友達との関係などでイライラしている。その悩みを親がわかってくれないことや、親に厳しく注意されることで、さらにイライラする。

親のイライラによって子どもがさらにいらだつと、その影響が親に返ってくる

感情は移る

相手に向けた感情が、そっくりそのまま自分に返ってくることがある。怒りは相手の怒りを呼びやすく、愛情は相手の愛情を呼びやすい。

友達とはケンカばかりでも、妹には誰よりもやさしかったりする。そういう姿を一つひとつ、ちゃんとみてあげたい

親は視点を変えたい

親子で互いのイライラを増幅し合っている場合には、まず親が自分を変えてみましょう。28ページでも試したように、子どものよくない面からよい面へ、視点を少しずつ移していきます。

悪いところに注目

子どもができていないこと、迷惑をかけたことに意識をとらわれていると、叱りたいことばかりに

問題が大きくみえる

悪くみえることを注意するが、効果が出ない。問題が大きくみえてくる

よいところをみる

失敗のなかにも、がんばった過程やできたところがある。それを探して、言葉にして、子どもをほめる

問題が小さくみえる

問題ばかりではないこと、問題にもよい側面があることがわかる

親子の行動は連鎖しやすい

子どもは親をみて育ちます。親が乱暴な言葉をつかっていれば、子どももいつかどこかで、その言葉をつかうかもしれません。親子の行動は連鎖しやすいのです。

親は、聖人君子になる必要はありませんが、自分の言葉や態度が子どもに影響することは、意識しておきましょう。

親が変われば子どもも変わる

親の行動が子どもに影響するということは、親が少し変われば、子どもも少し変わるということです。試しに、子どものよいところに目を向けてみてください。

うまくいけば、問題がいままでよりも小さくみえてきて、イライラする機会も減ります。そうすると、子どももイライラしにくくなっていくのです。

親が自分のイライラレベルを調べてみる

親向け イライラ チェックリスト

以下の設問を読んで、日頃の自分と一致するものがあったら、その欄にチェックを書き入れてください。最後にチェックした数を合計して、左ページの結果判定で、自分が当てはまる部分を読んでみましょう。

1 仕事が予定通りに進まないと腹が立つ □

2 家族はもっと子育てに協力するべきだと思う □

3 子どもをうまく注意できないと自己嫌悪になる □

4 世の中にはイライラさせる人がたくさんいる □

5 叱っても子どもが変わらないのがつらい □

6 家族のせいで、やりたいことができていない □

7 子育ての失敗はすべて自分のせいにされている □

8 自分の悪口やうわさ話には我慢ならない □

9 教師が子どもにきちんと対応していないと思う □

10 話を途中でさえぎられるとムカッとする □

まじめな人ほど イライラレベルが高い

　右ページのチェックリストは、イライラしやすい人の特徴をおおまかにまとめたものです。該当する箇所が多ければ多いほど、イライラしやすく、イライラレベルが高いといえます。

　なにごとも正しく進まないと我慢できないような人、つまりまじめな人ほど、イライラレベルが高くなる傾向があります。

チェックを通じて 自分をみつめ直す

　このチェックリストは専門的な検査ではなく、あくまでも参考程度のもの。結果がよくなかったとしても、あまり気にしすぎないでください。生活を変えれば、結果は変わります。

　チェックを通じて自分のイライラをみつめ直すことができたら、さっそく対策をはじめましょう。

イライラのもとは理想像？

　チェックリストをみてもわかる通り、自分も子どももまわりの人も、もっとうまくやるべきだと思っている人は、イライラしやすくなります。

理想が高い

高い理想がある。よい点があっても、まだ理想には遠いと考え、批判的になる

要求が増える

自分にも子どもにも、理想にしたがって要求する。つい求めるものが多くなる

イライラする

要求が叶わずイライラするが、それでも理想を追い求め、さらにいらだつ

結果判定

0～3個

　イライラしにくいタイプ。うまくいかないことがあっても、それを人のせいにしたり、いつまでも気にしたりしない。その考え方を維持したい。

4～7個

　イライラしやすいタイプ。ものごとが思い通りに進まないと、イライラしてしまいがち。子どもにその影響が出ている可能性がある。

8～10個

　始終イライラしているタイプ。まわりの人への要求が強すぎて、満足できない。子どもにもイライラをぶつけている可能性が高い。

気をそらす方法をいくつか練習する

コントロールできること

イライラ対策をするとき、コントロールできることとできないことがあります。その違いを理解しておきましょう。

出来事はコントロールできない

「雨が降る」「悪口を言われる」「子どもが言うことを聞かない」など、自分ではどうしようもないことがある。

遊園地に行くつもりだったのに、雨が降ってきた。天気を変えることはできない

考え方はコントロールできる

天気や悪口を「最悪だと思う」か「気にしない」か、自分の考え方のコントロールはできる。これがイライラ対策のポイントに。

親が先にイライラ対策に挑戦

親は、自分のイライラが認識できてきたら、子どもより一足先にイライラ対策に挑戦してみてください。

実際に体験することで、コントロールできることとできないことを、実感的に理解できます。また、イライラをおさえるのはそう簡単ではないということも、身をもって感じとれます。

子どものイライラ対策にとりくむときには、親がいっしょに考えたり実践したりする必要があります。そのとき、親がコントロールの難しさを理解できていれば、子どもに無理をしいることが減るのです。

「雨でも映画館なら楽しめる」と考えて、計画を変更。そんなにイライラしなくて済んだ

なにかをして、気をそらす

自分の考えはコントロールできますが、簡単ではありません。それがうまくできないから、みんなイライラしているのです。まずは簡単なところからはじめましょう。特定の行動によって、気をそらすことを練習します。

気をそらす方法

逆転の発想をしてみる

「雨だから遊園地には行けない」という考えを「雨でも楽しめるところがある」と逆転してみる。それにそって行動する

うれしい言葉を思い浮かべる

イライラしそうな状況でも「○○は楽しい」「△△は好き」など、うれしい気持ちになれる要素を探す

どこか外へ出かける

じっとしていると考えこんでしまうときは、外を歩いたり自転車で出かけたりして、体を動かすことに集中する

水を飲んだり顔を洗ったりする

イライラしてきたと思ったら、体に刺激を与えて考えをリセット。その行為がくせにならないよう、回数制限をもうける

一度、考えるのをやめる

イライラしはじめたら心の中で「ストップ！」ととなえ、とにかく考えるのをやめる。強制的に別の活動をする

親のイライラコントロール

イライラ対策の難しさを実感しておく

実感なしでは説教になる

親が自分のイライラに向き合わずに、子どもの問題を解決しようとしても、なかなかうまくいきません。

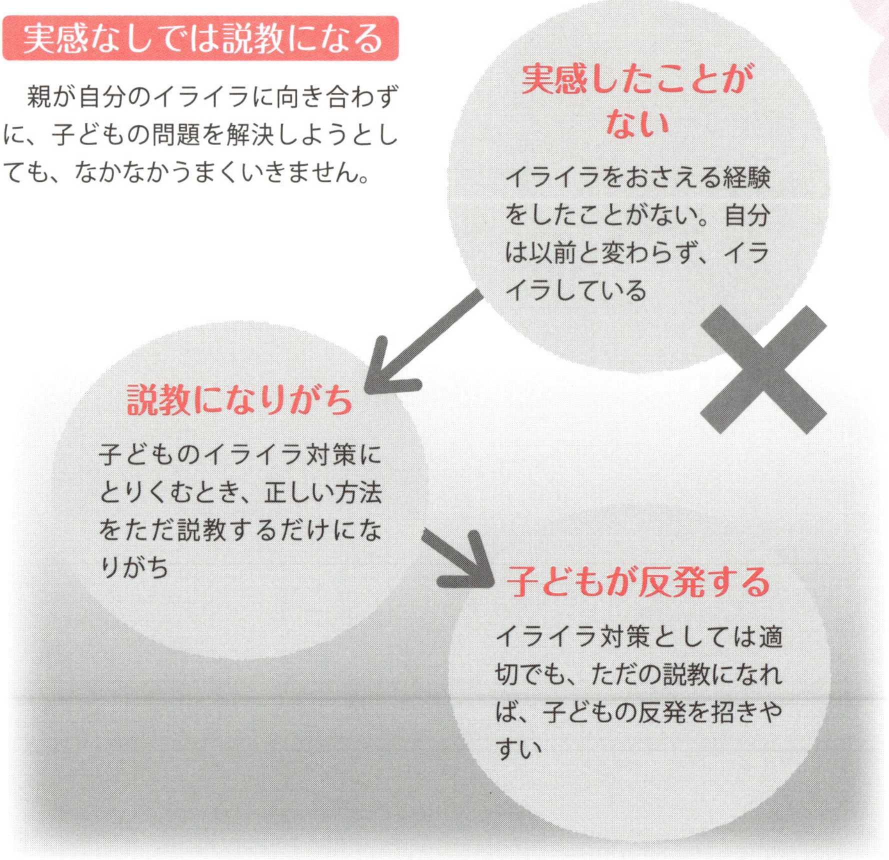

実感したことがない
イライラをおさえる経験をしたことがない。自分は以前と変わらず、イライラしている
説教になりがち
子どものイライラ対策にとりくむとき、正しい方法をただ説教するだけになりがち
子どもが反発する
イライラ対策としては適切でも、ただの説教になれば、子どもの反発を招きやすい

大人でも難しいという前提でのぞむ

大人は、多くの経験を積んでいます。自分の感情をコントロールすることが、ある程度はできるようになっているでしょう。しかしその大人でも、イライラをおさえるのは簡単ではありません。

イライラ対策にとりくむ子は、大人でも難しいことに挑戦しようとしているのです。それを理解してあげてください。

イライラコントロールは、一回で劇的な効果が出るようなものではありません。あせらず気長にとりくんでいきましょう。

また、子どもひとりでは難しいことなので、親がいっしょに考えることが大切です。

イライラ対策を体験した親は、子どもを励ますのも上手になる

実感してからいっしょにとりくむ

親が自分のイライラを認め、その対策の難しさを実感しておけば、子どもに適切なアドバイスが出せるようになります。

難しさを実感しておく

「イライラと向き合う」「気持ちを切り替える」などのステップ一つひとつが、言葉でいうほど簡単ではない（※）ことを実感する

※発達障害の子には、とくに難しい（83ページ参照）

↓

親子でいっしょに考える

子どもがイライラ対策にとりくむときには、やり方を教えるだけでなく、親子で会話をくり返し、いっしょに考えていく

↓

意欲的にとりくめる

親といっしょに考えることができ、無理をする必要もないのだとわかると、子どもは意欲的にイライラ対策にとりくめる

共同作業は効果が高い

欧米では子どものセラピーに親が参加することが増えている。子どもだけが対策を学ぶよりも、親子で学んだほうが効果が高いことが定説になりつつある。

間違った対策を教えてしまうことも？

親がよくわからないまま、イライラ対策の手法だけを教えこむと、子どもがただの手順として覚えてしまうことがあります。

子どもが、親から言われた通りに対策をとれば、それ以上は怒られないということを学ぶ場合があるのです。その子は本当はイライラしているのに、気持ちを隠して、怒られないための方法だけを覚えています。これでは、イライラ対策になりません。

Column

ときどき思い出したい

気が楽になるセリフ10

いい加減になるのも大事

　まじめな人ほど、イライラしやすいもの。ときにはいい加減な考え方をするのも大事です。肩の力を抜くことで、明らかな失敗でも、軽く受け止められるようになります。

また今度がんばろう
（次に切り替える）

ここまでよくやった
（途中経過を評価する）

怒るほどじゃないかな
（寛大になる）

わざとじゃないかも
（相手の悪意を決めつけない）

まぁ、いいか
（一件落着させる）

なんとかなるよ
（楽観的に考える）

別にいいや
（こだわりを捨てる）

これでも、最悪じゃない
（少しでもよい点をつける）

自分なりにできた
（相手の評価にとらわれない）

友達がたすけてくれるはず
（人を信じる）

3

イライラコントロール

初級編

まずは黙って子どもの言い分を聞く

子どものイライラをおさえるための第一歩は、
親が子どもの話を聞くこと。ただそれだけです。
発達障害の子どもたちは、日頃自分の悩みを
誰にも理解してもらえず、くやしい思いをしています。
まずはその言い分に耳を傾けてください。

おれは悪くない！
あいつが先に
やってきたんだ

怒りのわけを知ることからスタート

イライラ対策をあせらないで

イライラしやすい子の親は、多くの場合、とにかくわが子が他の子に迷惑をかけないこと、暴力をふるわないことを願います。

そう考えるのは当然ですが、しかし、そこであせって、子どもの行動パターンをすぐに直そうとすると、かえって状況を悪化させてしまうことがあります。

親の言いつけによって、子どもの行動が変わったとしても、その子の内面はイライラしやすい状態のままです。そのままでは、その子の感情はいずれ爆発します。

あせって直そうとするのではなく、まずは子どもの気持ちを知ることからはじめてください。

知ることが第一歩

イライラコントロールの第一歩は、子どもの気持ちを知ること。なぜイライラしているのかがわかれば、対処法を考えること、実践することができます。

学校での問題より、家庭での問題のほうが、子どもの言い分が理解しやすい。叱らないで話を聞いてみる

初級編

子どもの話を聞く

子どもがイライラしやすくなっていても、すぐに対処法を教えさとすのではなく、まずはその子の言い分を聞く。親は口出しをせず、子どもが満足するまで聞き役に徹する。それだけで子どものイライラが少しおさまる。

44～59ページ参照

犬の散歩のときなど、生活のなかで子どもの話をよく聞き、いっしょに考える

上級編

イライラに対処する

親子で考えていくうちに、子どもは自分のイライラを適切に理解できるようになっていく。そこではじめて根本的な対策にとりくめる。子どもに休憩したり、行動パターンを変えたりすることを伝える。

80 ～ 97 ページ参照

中級編

親子でいっしょに考える

子どもの話を聞いて、その子がいらだつ理由や背景がわかってきたら、次のステップへ。イライラが生活にどんな影響をおよぼしているか、親子で考える。違う考え方ができないか、試してみる。

62 ～ 77 ページ参照

ここからはじめたがる人が多い

子どもの話を聞くよりも、とにかくその子の行動を変えようとする親が多い。しかしそれでは子どもの自己理解が深まらず、場当たり的な対応になりがち。

イライラコントロール Q&A

Q 何歳からはじめる?

A イライラによる暴言・暴力が問題になりやすいのは、小学校中学年以降です。就学前からとりくめれば理想的ですが、中学年以降でも効果はあります。

Q 何日で効果が出る?

A 子どもによって違います。話を聞くだけで落ち着く子もいれば、本心を話してくれるまでに何ヵ月もかかる子もいます。その子のペースを尊重して、あせらずにとりくんでください。

Q どこで実践する?

A 基本的には自宅です。親が子どもをむやみに叱らず、話を聞くようにすれば、子どもは自宅でリラックスできるようになります。「話せば落ち着く」ということを学ぶ経験にもなります。

子どもの気持ち

Aくんの場合

「先生が襲いかかってきて、こわかった」

Aくんのトラブル

Aくんは自分が正しいと思っていることを否定されると、カッとなって暴力をふるうときがあります。激しく暴れて、学校の先生に羽交い締めにされたこともあります。

(10ページ参照)

1

Aくんは、友達と仲よくするのはいいことだと思っています。挨拶を大切にしていて、友達の肩を叩いて声をかけることがよくあります。本人は元気よく挨拶をしているつもりです。

小学校低学年のときはよかったが、高学年になって力が強くなってからは問題に。友達は「痛い」「乱暴なヤツ」などと思っている

ぼくがやられたのに、なんで怒られるんだ。あいつが悪いんじゃないか。ずるいぞ！

2 ただ挨拶をしているだけなのに、友達に嫌がられ、反撃されることがあります。するとAくんは怒ってやり返します。ケンカになってしまうのです。ところが、最後に先生に叱られるのは、Aくんです。

客観的には「Aくんがいきなり叩いた」のが問題なので、彼が叱られることが多い

3 Aくんは不満を抱えます。悪いことをしているつもりはないのに、友達に殴られ、先生に叱られ、おさえこまれ、そのうえ「ちゃんと挨拶をしなさい」などと注意されるのです。

叱られたり、力ずくでおさえられたりするうちに、先生のことがこわくなる

Aくんの気持ち

ぼくの言うことを、誰も聞いてくれない。なにを言っても怒られて、無理やり謝罪させられる。先生がこわい。信じられない。どうすればいいのか、わからない。でも友達に文句を言われるとやっぱりイライラして、カッとなってしまう。

うわっ、○○先生だ。また、なにもしていないのに怒られる

4 自分なりに意見を言ってもおさえこまれてしまうので、Aくんはだんだん先生のことがこわくなり、信じられなくなって、本心が言えなくなっていったのです。

初級編の基本

発達障害の子の感じ方を理解する

「多動性」「対人関係が苦手」などの特性があり、社会生活で困難に直面しやすい

理解のポイント

本人なりの言い分がある

発達障害の子にはさまざまな特性があり、他の大多数の子どもとは違うことで悩んだり、いらだったりしています。ただわがままを言っているわけではないのです。

生来の特性があって苦しんでいるのに、まわりの理解が得られず、イライラする

みんなと同じようにできないことに悩み、ときにはイライラが爆発してしまう。でもそのつらさを誰にもわかってもらえない

好きでイライラしているわけではないのに、非難され、嫌われてしまい、落ちこむ

対応のポイント

世間の基準をおしつけない

発達障害の子は一般常識への適応に悩んでいます。話を聞くときには、世間の基準にとらわれず、その子の言い分を尊重してください。

特性を知る

子どもの特性を理解する。子どもの話をよく聞き、医療機関で専門家にも説明を聞くとよい

気持ちによりそう

どんなに荒れていても、非常識でも、まずは子どもに理解を示す。その子の苦しみによりそう

誤解をとく

学校の先生や友達にも、子どもの特性を理解してもらう。子どもに対する不当な誤解をとく

親が子どもを理解してあげなければ、その子の居場所がなくなってしまう

有光アドバイス

好きでイライラしているわけじゃないんです

発達障害の子は、好きでイライラしているわけではありません。日々の生活のなかで、つらい思いをうったえても理解してもらえず、努力しても評価されなくて、いらだっています。

そのストレスが蓄積して、ときに激しい怒りとなり、大きなトラブルを引き起こすことがあります。

子どもの正直な気持ちを、それがどんな思いであっても、受け止めることからはじめてください。

対応1

聞き方 おさえつけようとせず、数分間待つ

興奮しているときには、親がなにを言っても耳に入らない。怒りが増幅してしまう

目標

子どもの怒りに火をつけない

イライラしている子をおさえこもうとするのは、怒りの導火線に火をつけるようなもの。事態はかえって悪化します。まずはそういう対応をやめることを目標にしましょう。

子どもが思い通りにならないことに直面してイライラし、興奮状態になっている

×

「こうしなさい」などと指示をしたり、手足や体を無理やりおさえたりする

↓

子どもをますますイライラさせてしまう。暴言や暴力が激しくなることもある

○

本人やまわりの人がケガをする危険性などがなければ、なにも言わずにしばらく待つ

↓

子どもの話を聞いたり、様子をみているうちに、落ち着いてくる。対処しやすくなる

きょうだいと言い合いになって怒り出したときには、他の部屋へ連れて行き、少し待つ

実践のコツ

手も口も出さずにちょっと待つ

子どもをおさえこもうとせず、説教もしないで、少しだけ待ってください。早ければ10秒ほどで、長くても2分程度待てば、イライラが発散され、子どもは落ち着いてきます。

10秒間から2分間待つ

聞くにたえない暴言をはいていても、言い返さずに待つ。子どもが思いのたけを自分なりの方法で発散できるようにする

危ないものを遠ざける

先のとがった文具や刃物など、体を傷つけるものが近くにある場合には、遠ざける

他の子から引き離す

他の子とのやりとりで興奮した場合には、その子から引き離して、しばらく待つ

×

怒っている最中の子に、適切なふるまい方を説教する。すぐにあらためるように要求する

少しでも暴れたら、力ずくでおさえこむ。「悪いことは悪い」と考え、まわりに謝らせる

怒っているのは長くても一〜二分

怒りは案外、長く続かないものです。子どもがどんなに激しい怒りを抱いていても、まわりの人に静かに受け止めてもらえれば、多くの場合、その怒りは一〜二分後にはおさまりはじめます。

怒りが強くなるのは、まわりの人から反論されたり、力でやり返されたりしたときです。そのような事態をさけるためにできるのが、待つことなのです。

対応2

聞き方 とにかく怒らないで、子どもの話を聞く

目標

子どもの意外なつまずきを知る

発達障害の子は、親からみれば意外なことで困っている場合があります。そのつまずきを把握するために、子どもの話を丁寧に聞きましょう。

子どもの認識

わがままを言っているつもりはない。理解しきれないこと、苦手なことが多くて困っている。しかしうまく説明できない

- 友達との会話がかみ合わず、反発されることが多くてつらい
- 一生懸命やってもできないことが多くて、イライラする

こまかい動作が苦手で、ジュースをよくこぼす子もいる。親が特性に気づけず、何度も叱ってしまう場合がある

親の認識

子どもがトラブルを起こしているわけは、その子の性格や自分のしつけの問題にあると考えがち。それを結論にしようとする

- 友達とよく口論やケンカをするのは、怒りっぽい性格だから？
- 作業を失敗してはイライラしているのは、しつけが悪いせい？

ださいと思ったから、
そう言っただけなのに、
叩かれたんだ

発達障害の子は、自分の発言が非常識なものだと気づいていないことがある。話をよく聞くうちに、つまずいているポイントがみえてくる

実践のコツ

ただの文句のようでも黙って聞く

子どもの話を聞いてみると、トラブルを人のせいにして、友達や先生への文句を言いはじめることがあります。それでもまずは耳を傾けましょう。

○

多少、変な話でも口出ししない

子どもが問題を引き起こしたことが明らかなのに、他の子が悪いと言い出すことがある。多少、変だと感じても話をくわしく聞く

何度かたずねる

一度話しただけでは子どもの考えがわからないことも多い。何度かたずねたほうがよい

質問してくわしく聞く

変だと感じたら、質問して話を掘り下げる。発達障害の子独特の考え方がわかってくる

×

子どもが話している途中で、親が結論をまとめて対策を考え出し、それをおしつける

親が子どもに教えたいことを思い浮かべながら、誘導的に話を進めていく

非常識な言動を頭ごなしに否定する。発達障害の特性でも、厳しく注意する

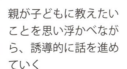

対応3

聞き方　実年齢より２～３歳下のつもりで話す

図や写真をみせながら説明したほうが、伝わりやすい場合もある。そのサポートは年齢に関係なく続ける

目標

子どもに伝わる言い方を覚える

　発達障害の子と話すときには、なにごともシンプルに、具体的に伝えましょう。わが子にはどのような言い方が伝わりやすいのか、試行錯誤しながら理解していってください。

発達の「遅れ」を考慮する

理解力など一部の要素が、年齢相応には育ちにくい。年齢にとらわれず、その子がわかるように説明する

発達の「かたより」を理解する

人間関係の理解など、年齢が上がっても上達しにくいことがある。苦手分野では無理をさせないようにする

実践のコツ

難しい表現をさける

抽象的な言い方や遠回しな示唆など、難しい表現はさけてください。伝えたいことは直接的に、具体的に言いましょう。

一列に並んでいるときは、
順番を待っているのよ

「列に並ぶ」「横入りしない」といった一般常識を具体的に教える。同じ年頃の子が理解できていることでも、丁寧に説明する

なにごともシンプルに

発達障害の子には一言でシンプルに伝えるのがベスト。実年齢より少し下の子をイメージして、簡単すぎると思うくらいにわかりやすく伝える

常識を解説する

言わなくてもわかりそうな常識的なルールでも、はっきりと言葉にする

具体的に伝える

「ちゃんと」「多めに」などの曖昧な言い方をさけ、具体的に伝える

ヒントを出す

「どうして」と曖昧に聞くのではなく「○○だから？」「それとも△△？」と具体的なヒントを出す

✕

「○○はやめなさい」と、禁止事項を伝えている。具体的だが、解決策がわかりにくい

苦手なことでも「自分で考えなさい」と言って突き放す。本人の創意工夫を求める

対応 4

話のまとめ方

重大な間違いでも、あせらずにさとす

目標

社会のルールをきちんと教える

子どもと話し合えるようになってきたら、暴力は間違いであることなど、社会の常識を教える段階へ入ります。子どもの言い分と社会のルールのバランスを保って話します。

理由はどうあれ、暴力をふるうことは間違い

子どもの言い分

発達障害の子の言い分は自己中心的に思えるかもしれないが、時間をかけて聞き、理解する。ただ、重大な間違いは、直していかなければいけない

社会のルール

社会には法律や校則、マナーなどのルールがある。ルールのなかには暗黙の了解となっているものもあり、それらは発達障害の子には理解しにくい

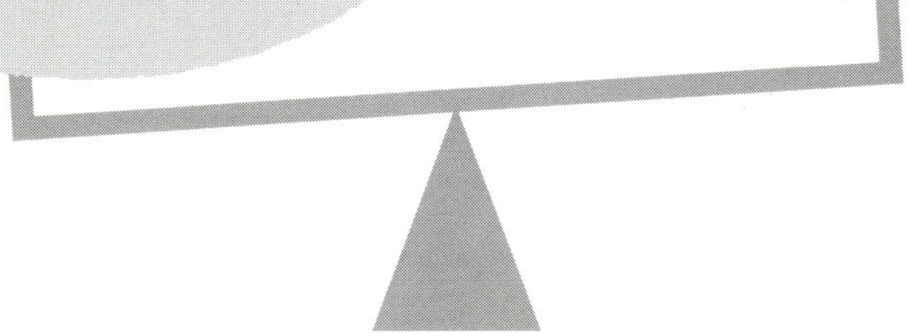

多くの親は、社会のルールを重要視しがち。子どもの言い分を聞く前に、常識を教えこもうとする

いまのドラマ、
男の子のほうが悪いって、
よくわかったね

実践のコツ

教えるけれど、急がない

社会のルールを教えることは大切です。でも、急いですべてを教える必要はありません。あせらずに時間をかけ、子どもの気持ちを聞きながら教えていきましょう。

時間をかけて教えていく

子どもの言い分を尊重しながらも、他者の気持ちに注目するよう、いろいろと質問をする。その対話を通じて、他者理解を学んでもらう

具体的に示す

どんな行動が人の迷惑になるのか、具体的にリストをつくって示すとよい

話し言葉よりも視覚的な情報を好む子には、テレビドラマなどを例として話すと伝わりやすい

子どもが非常識なことをしていても、その子の言い分を100%信じて、悪くないと考える

社会常識をすべて理解させようとして、頭ごなしに説教する。理解できないと、叱る

子どもを叱るのは親の仕事？

最近では、子育ては親の仕事だという意味合いで「親業」という言葉がつかわれます。子どもが非常識なことをしたら叱りつけ、社会のルールを教えるのは、親業のひとつといえるでしょう。

親業は重要です。ただ、発達障害の子に対して、いつも親の都合や常識を優先し、ルール理解をせかすのは、よい対応とはいえません。その子の特性やペースを尊重することも、親業です。その子に合った教え方を考えてください。

対応 5

話のまとめ方

親子の話がまとまってから、謝りに行く

納得して謝る

親や学校の先生に言われて謝るのではなく、子ども本人が自分の間違いを認めて、納得して謝れるようにしたい

目標

お互いに納得できる謝罪を

子どもは、最初は「自分は悪くない」と言っていても、よく話し合い、問題が整理できてくると、迷惑をかけた相手に謝れるようになります。相手も納得できるような適切な謝罪を、目標にしましょう。

ぼくが叩いたのが悪かった。ごめん。次は気をつけるよ

納得して許す

暴力をふるったこと、決まりを破ったことなど、自分の落ち度を認識したうえで謝罪できれば、相手も納得する

子ども本人が気持ちを伝えて、友達との関係をつくり直すことを目標に

実践のコツ

謝罪の前に状況を整理する

子どもから聞きとった話を親が整理します。その子の言い分のなかで、社会的に許されること、そうでないことを区別し、子どもが納得できるように説明しましょう。

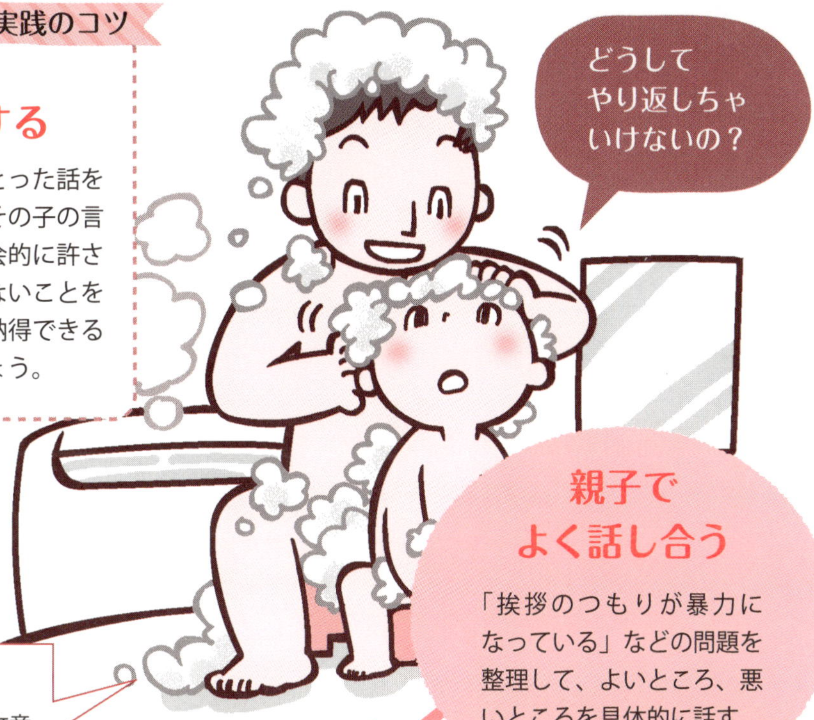

すぐに理解できることではないので、入浴中など、おりにふれて子どもに説明する

ASDへの対応

- 会話ではなく絵や文章で説明する
- 手紙を書いて謝罪することを教える

親子でよく話し合う

「挨拶のつもりが暴力になっている」などの問題を整理して、よいところ、悪いところを具体的に話す

謝罪のリハーサル

実際に謝る前に、親子でリハーサル。「相手に聞こえる声で話す」「おじぎをする」の2点を確認する

謝れたら、ほめる

謝罪のあとで子どもをほめる。反省点などを説教する必要はない。親もよく対応できた自分をほめる

子どもが間違いをおかしたことを、親が恥ずかしく思う。その問題を隠そうとする

子どもの理解が追いついていなくても、とにかく謝罪の形をとり、問題を終息させる

初級編の効果

話を聞くだけで、トラブルが減っていく

親が頼りになるとわかれば、子どもはトラブルを過度におそれず、登校できる

理解のポイント

聞くこと自体に意味がある

　子どもの話を聞くのは、その子の特性や悩みを理解するためですが、そもそも聞くこと自体に子どもを安心させ、イライラを軽減する効果があります。

親の支えで子どもが安心する

親がいつも頭ごなしに叱らず、話を聞くことで、子どもは安心する。親を頼ってよいのだという信頼感を抱ける

子どものつらさがわかる

叱る前に子どもの話を聞くようにすると、その子が日頃どれだけつらい思いをしているのか、わかるようになる

問題が起きたときだけ話を聞くのではなく、日常的に子どもに「今日はどんなことがあったの」とたずねる習慣をつけたい

対応のポイント

根気よく「聞き役」を続ける

　話を聞いたからといって、子どもの本心がすぐにわかるわけではありません。「聞き役」でいるためには忍耐が求められます。根気よく、子どもの話を聞き続けてください。

子どもは親を信頼し、親をたすけようとして、手伝いをかって出たりする

なんでも打ち明けるように

子どもは、つらい気持ちを親に打ち明けられるようになる。頼れる相手がいるので、イライラすることが減る

親も子もイライラしにくくなる

親がイライラせずに子どもの言い分を聞き、子どももイライラしにくくなるので、互いに気持ちが落ち着く

有光アドバイス

イライラしやすい子に必要なのは正直に言える相手です

　イライラして問題を起こしている子には、なによりもまず、正直に言える相手が必要です。

　そういう子どもたちは、家庭や学校で毎日のように説教をされ、意見を言えばさらに叱られるという日々をすごしてきています。だからイライラしているんです。

　それ以上、その子を追いつめないでください。子どもの話に耳を傾け、その子が正直に話せる相手になってあげましょう。

Column

覚えておきたい
言い分を聞くセリフ10

とにかく待つことが原則

子どもの言い分を聞くコツは、とにかく待つこと。そしてときおり共感、復唱することです。子どもがうまく説明できなくて困っていたら、少し質問してみましょう。

うん……
（間をおく）

つらかったね
（共感する）

謝りたいと思ったんだね
（ポジティブなことは復唱する）

言い返さなかったのはえらいね
（具体的な行為をほめる）

なんて言われたの？
（具体的に聞く）

どんなときにそう思う？
（場面を確認する）

そうか、そうなんだ
（おだやかな口調で）

なにが一番、ムカついた？
（本人の言いたいことを聞く）

ママの話、嫌だった？
（不満をたずねる）

言ってくれればわかるのにね
（相手の落ち度にもふれる）

4

イライラコントロール

中級編

「怒った結果」を親子で考える

子どもの話を聞くことで
親子の間に信頼関係ができてきたら、
次はイライラや怒りについて、
親子でいっしょに考えてみましょう。
イライラや怒りは生活を
どのように変えているのでしょうか。

子どもの気持ち

Bさんの場合

「みんなが悪いことをして、私を怒らせる」

Bさんのトラブル

Bさんは学力の高さに誇りをもっていて、他の子が勉強面で自分よりも高く評価されるとイライラしてしまいます。先生にほめられた子に嫌がらせをして、問題になったことがあります。（12ページ参照）

1

毎日、予習・復習に励んでいるBさん。彼女は勉強面で一番になることにこだわっています。自分の努力は評価されるべきだとも思っています。

Bさんは学校でも塾でも、家庭でも、長時間学習している

2

Bさんは、他の子がよい成績になると、許せなくなります。相手の子もがんばっていることがわからず、その子が「不当に評価された」「ずるをした」などと突飛なことを考えてしまうのです。

なにもしていないのに
ほめられるなんて
ずるい！
ゴミ

勝手な思いこみで相手の子を逆恨みし、その子の持ち物をゴミ箱に捨ててしまった

3

Bさんは嫌がらせをしておきながら、その事実を隠せると思っていました。ASDの特性があり、人の気持ちを読みとることが苦手なBさんは、自分が他の子に疑われていることに、気づいていなかったのです。

さんすう
私じゃないって
言っておけば
いいわ

疑われていても平然としていたのは、相手の気持ちを読みとるのが苦手だから

4

彼女には、幼い頃にトラブルを起こし、「私はやっていない」と言い逃れをした経験がありました。今回も、同じ言い訳が通ると思って、嫌がらせをしたのです。

Bさんの気持ち

私が評価されるべきなのに、なにもしていない子がほめられるなんておかしい。ムカつく。ずるをしたとしか思えない。それに、みんなが私のことを疑って、証拠もないのに文句を言うのも腹が立つ。

中級編の
基本

イライラをみつめ直す機会をもつ

理解のポイント

子どもの考え方に注目する

　子どもの話を聞いていると、その子の考え方がわかってきます。そして、その考えがイライラや怒りを増幅させているメカニズムがみえてきます。まずは親が「出来事」「考え方」「イライラ」のつながりを理解しましょう。

ASDの子はなんでも言葉の通りにとらえる傾向がある。冗談を冗談だと思えず、本気で怒り出すことがある

客観的な「出来事」

イライラや怒りのきっかけ。それ自体は「反論された」「ぶつかった」などの客観的な事実にすぎない

主観的な「考え方」

自分の身に起こった出来事を、子どもが「ひどい悪口」「わざと叩くなんて最悪」などと主観的にとらえる

「イライラ」の発生

「ひどい」「最悪」などと考えることで、許せない気持ちになり、イライラや怒りがうまれてくる

どうして イライラするのか

イライラの引き金となる出来事や、責任の所在などを親子で確認する。子どもの意外な思いこみがわかったりする

（68・70ページ参照）

イライラすると、どうなるか

いらだったり怒ったりした結果、出来事や相手に対してなにができたか親子で振り返る。その方法の是非を話し合う

（72ページ参照）

これから どうすればよいか

イライラの原因から結果までがわかったら、今後の対策を親子で考える。怒る以外の具体的な対処法を用意する

（74ページ参照）

対応のポイント

考えることを親が手伝う

　発達障害の子は、適切な考え方がわからず、状況をネガティブにとらえたり、戸惑ったりしていることがよくあります。本人に「よく考えなさい」と注意するだけでは不十分です。親がいっしょに考えて、子どもをサポートしてください。

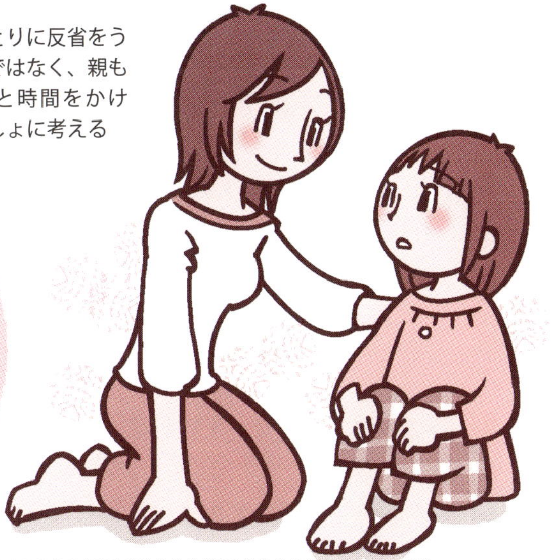

子どもひとりに反省をうながすのではなく、親もしっかりと時間をかけて、いっしょに考える

有光アドバイス

独特の考え方を理解してあげてください

　発達障害の子は、自分でトラブルを起こしておきながら、「相手が悪い」と主張したり、「怒ってよかった」と振り返ったりすることがあるかもしれません。

　そこで多くの親は叱ってしまいがちですが、ぐっとこらえて、その子といっしょに「イライラ」について、よく考えてみてください。

　子どものどのような特性や考え方がイライラや怒りにつながっているのか、くわしくみていきます。

子どものイライラ自覚度を調べてみる

子ども向け イライラ チェックリスト

以下の設問を、子どもに問いかけてみてください。幼い子の場合は、わかりやすく言いかえてもかまいません。子どもが「そう思う」などと答え、同感を示したら、その欄にチェックを書き入れます。最後に数を合計して、左ページの結果判定を読んでみましょう。

1	自分がイライラするのは同級生のせいだ	□
2	努力したことを公平に評価してほしい	□
3	学校の先生は他の子を不当にほめている	□
4	怒ったほうが、相手が言うことを聞いてくれる	□
5	得意なことがうまくいかないと、ムカムカする	□
6	世の中は、もっとよくなってほしい	□
7	家族は自分の悩みを全然わかっていない	□
8	友達がこまかいことですぐに文句を言う	□
9	ケンカのあと、自分だけが叱られるのはおかしい	□
10	他の子の言いなりになって我慢するのは嫌だ	□

自覚できていない子が意外と多い

チェックリストをみながら親子で話し合い、子どものイライラ自覚度を調べてみましょう。

ここでいう自覚度とは、イライラとの向き合い方を意味します。子ども本人がイライラを認識できていて、その原因や結果に向き合おうとしているかどうか。その度合を調べてみると、自覚できていない子が、意外と多いものです。

チェックリストが気づきにつながる

親向けのリスト（三四ページ参照）と同じく、子ども向けのリストも参考程度のものです。

このリストは、ただ判定に使うだけでなく、親子でいっしょに考えるためのツールとして活用してください。たとえば同級生のせいだと感じるのはなぜなのか、じっくり話してみましょう。

イライラ自覚度は低い？

イライラしやすい子と話してみると、本人が自分のいらだちを正確に認識できていないことがあります。イライラに対して極端に否定的だったり、肯定的だったりするのです。

イライラしやすいと思っていない

自分の感情にあまり意識が向いていない。まわりが悪いという意識が強く、たとえ暴力的になっても自分のせいではないと思っている

イライラして当然だと思っている

無理なことを強制されたら、いらだつのが当然だと思っている。イライラや怒りを相手にぶつけることで、要求を通そうとする

結果判定

0～3個

自覚度が高いタイプ。自分がイライラしやすいことに気づいている場合が多い。まわりの人のせいにすることが少ない。

4～7個

自覚度が低いタイプ。うまくいっていない自覚はあっても、自分のいらだちには向き合えていない場合が多い。

8～10個

自覚度がかなり低いタイプ。まわりの人が悪いから問題が起きるのだと考えがち。自分は怒って当然だと思っていたりする。

対応6

考え方 イライラのきっかけを親子で挙げてみる

目標

イライラするわけを考える

子どもがイライラするきっかけについて話すと、その子がいらだつわけがみえてきます。「出来事」「考え方」「イライラ」のつながりを意識しながら考えていきましょう。

まだ頼んだばかりじゃない
まだできあがらないのかな

レストランで食べ物を待っているとき、イライラする子もいれば、そうでない子もいる

きっかけだけが原因ではない

「待つ」という出来事だけでなく、「じっとしていたくない」という子どもの特性や考え方も、イライラに関連している

イライラにはきっかけがある

子どものイライラには多くの場合、きっかけとなる出来事がある。たとえば「待つこと」が引き金になる

実践のコツ

なにが嫌なのか、たずねる

「ちゃんと待ってほしい」とだけ考えるのではなく、子どもに「どうして嫌なのか」とたずねてみましょう。出来事に対する子どもの考え方を確認するのです。

テーブルが少しずれるだけでイライラする子もいる。わけをたずねてみると「ものの配置へのこだわり」がわかったりする

きっかけを挙げる

子どもに「どんなときにイライラするか」とたずねる。「食べ物を待つとき」など、きっかけとなっている出来事がわかる

本人の考えを聞く

「どうして嫌なのか」と聞いてみる。子どもから「何分待つのかわからない」「待たせるのは悪いこと」などの答えが返ってくる

親の考えを話す

「待てばおいしいものがくる」と考えればイライラしにくくなるなどと、適切な考え方を示す

対処法を考える

「会話を楽しむ」などの対処法を、親子でいっしょに考える。イライラしなくて済むようになる

×

子どもの考えをくわしく聞かず、「黙って待ちなさい」などと常識を振りかざす

子どもの話は聞くが、それを「間違っている」「直すべきだ」と否定する

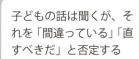

対応 7

考え方 相手が悪いところ、自分が悪いところを考える

目標

相手の立場に意識を向ける

トラブルの多くは、誰かひとりに原因があるわけではなく、双方に落ち度があるものです。子どもが他の子の立場や言い分を少しでも意識できるように話し合っていきます。

自分が悪かったところ

発達障害の子には、相手の立場を考え、自分にも落ち度があったことを理解するのは難しい場合がある

- ASD の子は相手の気持ちや考えに共感するのが苦手
- ADHD の子は双方の立場をじっくり考えるのが苦手

相手が悪かったところ

相手の不適切な発言やルール違反にはよく気づく子が多い。気づくと、それを指摘することに集中しがち

- ASD の子はルールに厳格で、ささいな違反でも非難しがち
- ADHD の子は相手にいらだち、冷静さを失いがち

「自分も悪かった」と思えないせいで、ケンカがエスカレートしてしまう

実践のコツ

一から考えさせるより親がヒントを出す

「少しは反省しなさい」と言っても、発達障害の子の場合、反省の仕方がわからず戸惑うことがあります。親が子どもと相手それぞれの落ち度を具体的に解説しましょう。

ASD の子は、人の顔の絵やマンガのフキダシをみると、考えやすくなる

具体的なエピソードを挙げる

子どもが最近巻きこまれたトラブルなど、実際に起こった出来事をとりあげる

相手の悪いところを考える

そのトラブルで、相手のどこが悪かったか、嫌だったかを子どもに聞いてみる。その答えは比較的、出てきやすい

自分の悪いところを考える

子ども自身の落ち度をたずねても、否定する子や、うまく説明できない子が多い。親は子どもの気づきをうながし、子どもが少しでも言葉にできたらほめる

ASD の子は「状況理解や見通しを立てることの難しさ」、ADHD の子は「衝動的でいきすぎた言動」が問題になりやすい

「やられたら、やり返せ」と教えていると、自分の落ち度に意識が向きにくくなる

ルールを意識させすぎると、ささいなことでまわりの子といさかいになりやすい

対応 8

考え方

怒って得したこと、損したことを確かめる

目標

イライラの結果を確かめる

　イライラして怒ったことで、なにが起きたのかを確認します。子どもに、イライラすることの価値をみつめ直してもらうことが目標です。

本を読みたいのに、まわりの子がおしゃべりしているので、イライラ。文句を言ったら結果はどうなるか

イライラする前

特定の出来事や、やりとりをしている相手に対して、「こうあってほしい」という要求をもっている。それが叶わずイライラしている

イライラしたあと

いらだって文句を言ったり、「どうしてこうしないの」と激昂したりする。しかしそれでも出来事や相手はなかなか変わらない

いっときのイライラは解消したが、怒りを爆発させたせいで、友達に嫌われてしまった

実践のコツ

結果を損得で分けてみる

「イライラするのはよくないこと」と説教をしても、子どもはなかなかわかってくれません。イライラした結果を損得の２種類に分けて、どちらが多いか、比べてみましょう。

損したこと

- 反論されて、腹が立った
- 同級生に嫌われてしまった
- 身勝手だと言われるようになった
- 仲のよい友達にもさけられた
- からかわれるようになった
- いじめられた

子どもに結果を聞く

イライラする前とあとで、状況がどう変わったか、子どもに聞いてみる。「嫌われた」などの答えを、親子でいっしょに損得に分類していく。損が大きいことが実感できる

得したこと

- 注意した直後はおしゃべりが止まった
- 言いたいことを言えてすっきりした

怒ればたすけてもらえると間違った学習をする子も

かんしゃくを起こしたときに親や先生、友達に心配され、たすけてもらったことのある子は、心の奥で「怒るのは得だ」と学習してしまう場合があります。これは誤った学びです。

その場では得をしたようでも、じつは人に嫌われていて、長期的にみれば損をしています。子どもがそれに気づけるよう、解説してあげてください。

×

子どもの考えを聞く前に「イライラすると嫌われる」などと、結論を押しつける

親が「怒って得することもある」と考えていて、それを子どもにも教えようとする

対応9

考え方 怒る以外になにができたか、代替案を出す

おもちゃ箱をイメージして、怒ることを怪獣、怒る以外の代替案をヒーローにたとえると考えやすい。思いついたことを書き出していく

目標

今後の対策を考える

イライラのきっかけやその後の経緯をみつめ直していくと、いらだって怒ることを減らしたほうがよいとわかってきます。そのための対策を考えていきましょう。

✕

過去を悔やむ

イライラと向かい合った結果、「悪いのは自分だった」「イライラしないほうがよかった」と悔やむだけでは対策にならない

○

未来に備える

イライラと向き合い、「怒る以外になにができただろうか」と考えることで、次の機会に向けて対策を用意できる

怒りんぼうの悪魔と、いつも笑顔の天使をイメージする。天使だったらどう言うか、考えてみる

実践のコツ

天使と悪魔をイメージする

イライラして怒ることを「悪魔」、その代わりの行動を「天使」にたとえて考えると、子どもにも対策がイメージしやすくなります。

子どもの考え方を知る

イライラのきっかけや結果などについて子どもと話し合い、その子の考え方を理解する

考え方を前向きに

子どもがイライラしたときの考え方を「悪魔のセリフ」として書き出し、それを怒らない「天使のセリフ」にするとどうなるか、親子で試してみる

天使と悪魔のイメージを使うことで、子どもが自分の考え方から意識を切り離し、柔軟に発想できるようになる

ふだんの暮らしにいかす

「天使のセリフ」として出たアイデアで、暮らしにいかせそうなものを実践してみる

イライラすることの代替案が「我慢すること」ではいけない。ただ耐えることは難しい

「あれは大失敗」など否定的な言葉を多用すると、子どもが自己否定的になってしまう

中級編の効果

イライラしても損だとわかっていく

イライラすることを減らせば、友達と仲よく遊べる日が増える

理解のポイント

イライラしていたら、もったいない

　親子でイライラについてじっくり考えていくと、結論として「イライラしてばかりいるのは損だ」ということがわかってきます。

イライラが減る

イライラや怒りと向き合い、考え方を変えたり対策をとったりすると、いらだつことが少しずつ減ってくる

関係がよくなる

イライラが減れば、まわりの人ともめることも減り、人間関係が改善する。親や先生からほめられ、さらにイライラが減る

「お菓子をゆずってくれない」と怒ったりせず、気持ちを伝えられたときにほめる

対応のポイント

親子で協力して、考えを変えていく

「イライラは損だ」とわかっても、考え方や行動を切り替えるのは簡単ではありません。親子でいっしょに、少しずつ、とりくんでいきましょう。

怒らずに主張できるように

イライラについて考えること、対策を探すことにじっくりとりくんでいくと、やがて子どもが怒ることは減り、うまく主張できるようになっていく

有光アドバイス

ムダなイライラは必ず減らせます

いらだつことは、誰にでもあります。イライラをゼロにする必要はありません。でも、怒ってばかりで損をしていて、自分にうんざりしているのなら、ムダなイライラは減らしたいですよね。

イラッとすることの原因や背景を、親子でじっくりと考えてみましょう。なかにはムダなイライラもあり、それは考え方やふるまい方しだいで解消できそうだということが、わかってきます。

Column

試してみたい
怒りと向き合うセリフ10

理想より素直な気持ち

自分は、友達は、世の中は「こうあるべきだ」という考えは、怒りを呼び起こしがちです。理想的ではなくても、自分の素直な気持ちを大切にしたいものです。

あの子は～したいだけ
（人のせいにしない）

ぼくは～だと思う
（自己主張する）

ぼくとあの子は違う
（人と比べない）

いま、イライラしているな
（イライラを実感する）

失敗したのはしょうがない
（事実と向き合う）

○○が苦手でつらい
（悩みを伝える）

やり返すのは時間のムダ
（仕返しをしない）

がんばれたところもある
（結果に目を向ける）

ぼくも～して悪かった
（自分の落ち度を考える）

ヒーローなら～って考える
（代替案を考える）

5

イライラコントロール

上級編

イライラが小さいうちに対処する

子どもの気持ちや考え方がみえてくれば、

自ずと対策もみえてきます。

子どもがイライラしても、

その火が小さいうちに対処できるように、

さまざまな準備をおこないましょう。

子どもの気持ち

Cくんの場合

「悪口を言われるのが一番嫌だった」

Cくんのトラブル

Cくんは友達が多く、日頃はほとんど問題を起こさずにすごしています。しかし、ときどき衝動的に激しい暴力をふるうことがあり、それがPTAで大問題になったことがあります。（14ページ参照）

表面的には大きな問題はなかった。遠足のような学校行事にも、楽しくとりくんでいた

1 Cくんは、基本的にはお調子者です。家族や親しい友達とすごしているぶんには、明るく元気で、冗談をよく言います。

2

ところが、Cくんは自分をからかおうとする相手に対しては、気持ちや態度がガラッと変わります。激しい怒りを表し、ときには暴力をふるってしまうのです。

悪口を言われると、衝動的に本気で殴りかかってしまう。大ケガをさせたこともある

3

暴力をふるってはいけないということを、Cくんは理解しています。ケンカのあとには反省もします。しかし、悪口を言われると、どうしても手が出てしまうのです。

先生から暴力のことばかり叱られると、不満を感じる。相手のことも、もっと叱ってほしいと思っている

4

「ケンカはやめよう」と思っていても、悪口を言われると、衝動的になってしまいます。自分でも、どうすれば自分をおさえられるか、わかりません。

Cくんの気持ち

暴力をふるうのは悪いことだけど、悪口を言うヤツだって、悪いと思う。先生がぼくだけを強く叱るのはおかしい。我慢しろって言われても、ぼくには無理だよ。

上級編の基本 「怒りを大きくしないこと」を目標に

理解のポイント

小さな怒りはあってもよい

　イライラや怒りは、小さければ問題にはなりません。イラッとしたときに、その気持ちが強く、大きくならないようにイメージして、対策にとりくんでいきましょう。

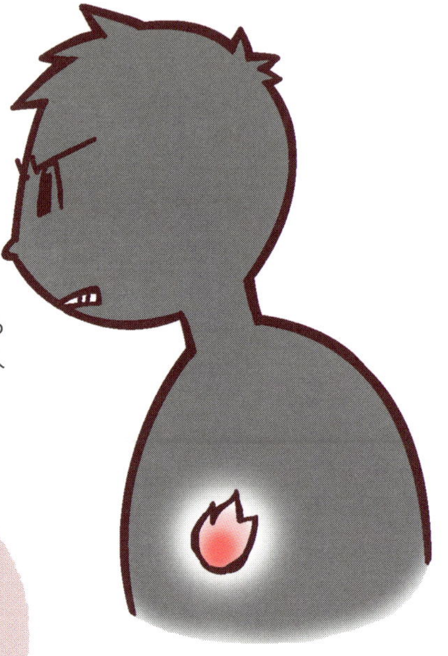

心にイライラの火がともることは防げない。それは人間の自然な感情のひとつ

ちょっとイラッとする

考え方をどれだけ見直しても、イライラすることはある。それは親も子も同じ

✕ イライラをゼロにしようとする

問題を解決したいからといって、イライラをなくそうとするのはよくない。それでは子どもに無理をさせてしまう

○ それ以上の怒りにはしない

イライラは許容する。その気持ちが強い怒りとなり、叩く、怒鳴るなどの行動につながらないようにする

ASD への対応

● イメージするのが苦手な子は「イライラを少し出さなくすれば友達と仲良く遊べた」というマンガをみせると実感できる

「ひと息ついてジュースを飲む」というような、ささやかな気分転換の積み重ねがイライラ対策になる

対応のポイント

イライラをあおらないようにすごす

イライラの火をあおらないことがポイントです。休憩したり、体を動かしたり、子どもに合った方法で気分を切り替え、怒りを増幅させないようにします。

主なイライラ対策

- イライラしやすい環境や相手から離れて、ひと休みする 88ページ参照
- イライラをあおりやすい行動を、ひとつだけ変えてみる 90ページ参照
- 運動など、無心になってできることで、イライラを発散する 92ページ参照
- イラッとしたら、リラックスできる言葉を心のなかでとなえる 94ページ参照

有光アドバイス

「イライラしないで」とは言わないでください

子どもが年がら年中いらだって問題を起こしていたら、親としては「なにやっているの」「イライラしないで」「落ち着きなさい」と言いたくなるでしょう。

しかし、発達障害があって、社会生活上の困難に直面している子に「イライラするな」というのは酷です。イライラすることは許容しましょう。親が「大問題にならなければいい」というくらいに余裕をもてれば最高ですね。

対応10

気づき方

ムカつくことを5段階で整理する

目標

対処できるイライラをみつける

イライラのなかには、比較的軽く、対処しやすいものと、根深い問題になっていて、対処の難しいものがあります。すぐに対処できるものをみつけましょう。

「テストの結果」「サッカーでの敗戦」「バカにされたこと」はどれもムカつくかもしれないが、試しに比べてみよう

イライラがひとまとめになっている

親も子も「イライラすること」「イライラする気持ち」をひとまとめにして考えがち

なかにはすぐ消せるイライラもある

じつは嫌なことのなかには、対処しやすいものもある。それを探せるようになりたい

実践のコツ

具体的なエピソードで考える

　ムカつくことを具体的に挙げ、それぞれの「イライラ度」を考えてみましょう。イライラ度の高さを5段階で評価します。そのなかで軽いものから対処していくのです。

まずは子どもに、最近経験した出来事を思い出してもらう

ムカつくことを挙げてみる

子どもに最近ムカついたことを聞いてみる。「おもちゃがこわれた」「先生に叱られた」などの出来事を親が箇条書きにする

ASDへの対応

● マンガなどから「ムカついている場面」を切り抜き、考えるためのヒントとして使う

5段階に整理する

列挙した出来事のイライラ度を決め、5段階に整理する。親子で話し合いながら、どの出来事により強くイライラするか考える。5段階が難しければ2〜3段階に分けてもよい

5段階の例

イライラ度5……相手を叩いてしまうぐらいに、ものすごくイライラする

イライラ度4……泣いてしまうぐらいに、イライラが強い

イライラ度3……大声を出してしまうぐらいに、イライラする

イライラ度2……文句を言いたくなる程度で、イライラは弱い

イライラ度1……少し嫌だなと感じる程度で、ちょっとイライラするだけ

イライラ度の数字が大きいほど、イライラが強い。子どもに、それぞれの出来事がこの5段階のなかでどれに当てはまるか、聞いてみる

軽いものから対処していく

「上級編」といっても、イライラ度の高い出来事に対処するのは難しい。まずはもっとも軽い段階の出来事にだけ対処する

×

子どもの「いかにつらかったか」という話を聞きこんでしまい、不幸自慢のようになる

親や子が5段階を意識しすぎて、分類にこだわり、それで悩んでしまう

対応 11

気づき方

体の変化でイライラを実感する

目標

イライラが小さいうちに気づく

いらだつと、体の状態や行動に変化が現れます。それらの変化をイライラのサインとして活用し、子どもが自分のイライラを実感できるように、サポートします。

建物で火が起これば、火災警報が鳴る。すぐに対処すれば､火事を防げる。イライラにも同じことが言える

体の変化はイライラ警報

イライラしはじめると「呼吸が速くなる」「汗をかく」など、体に変化がみられる。それがイライラ警報となる

←

その段階で気づきたい

警報が鳴った段階で気づければ、イライラ対策をはじめられる。放置すると、暴言や暴力につながる可能性がある

実践のコツ

体の変化を通じてイライラを実感する

　イライラしたときの体の変化を、子どもがひとりで把握するのは難しいでしょう。親がわかりやすく説明して、子どもの理解や実感をうながしてください。

イライラしたときには「呼吸が速くなる」「心拍数が上がる」「こぶしに力が入る」などの変化が体に起こる

「胸に手を当ててごらん」「ドキドキするよね」「それがイライラだよ」などと説明して、実感をうながす

イライラしたときの変化を具体的に示す

絵や文字で、体の変化を具体的に教える。子どもの動画を撮って本人にみせ、「このときイライラしていたね」と説明するのもよい

子どもの理解や実感をうながす

子どもの呼吸が速くなっているときなどに「いま、イライラしているね」と声をかける

ASD への対応

- 体の変化を絵で説明する
- イライラの強さを数値化して伝える練習をする

ADHD への対応

- イライラしやすい状況を整理する
- 体の変化への気づきをうながす

×

体の変化に注目させようとしすぎて、子どもが過敏になっている

体の変化を知るために、子どもを問いつめるようにして、質問を重ねる

対応12

イライラの消し方

前兆が現れたら、とにかくひと休み

こぶしを握り、手に力が入りはじめるなどのイライラのサインが現れたら、その場から離れたい

目標

イライラの火の延焼を防ぐ

イライラのサイン（87ページ参照）を活用して、いらだちに早めに気づく習慣をつけていきます。心にイライラの火がついても、延焼させないことを目標にします。

環境や相手が「まき」になっている

イラッとしたときに、その場で同じ相手と対峙し続けると、イライラはつのる。状況がたき火の「まき」のような役割を果たしている

そのままでは怒りの炎が燃えさかる

「まき」がある場所にいれば、火は勢いを増してしまう。その場や相手から離れて、火をあおらないようにしたい

実践のコツ

その場を離れて、リラックス

子どもに、イライラしたときにはとにかくその場やその相手から離れるように、アドバイスします。その子がリラックスできる活動で気分転換をはかることも教えましょう。

家族とケンカをしそうになってイライラしたら、相手から離れて好きな音楽を聞く

イライラする場から離れる

イライラのサインを察知したら、その状況から離れる。家庭では別の部屋へ、学校では先生に断って保健室などへ移動する。そこでリラックスできることをする

歌を歌ったり、絵を描いたりするのもよい。ストレッチもおすすめ

ひとりになる。散歩、深呼吸、10 を数えることなどで、意識を切り替える

親などの頼れる相手にたすけを求め、話を聞いてもらう

考えこまないようにするために、図鑑など、特定のものをみることに集中する

疲れがたまっている場合もある。寝転がって休むことも気分転換によい

×

場を離れてから、次の機会に向けて作戦を練るのはよくない。イライラした出来事から意識が離れない

親子でハグやマッサージをするのもよいが、ASD の子には苦痛になることもある

対応 13

イライラの消し方

行動パターンをひとつだけ変える

目標

同じトラブルのくり返しを防ぐ

「悪口を言われる」など、特定の出来事をきっかけとして何度も問題が起こっている場合には、そのパターンを崩すことで、トラブルの続発を防ぎましょう。

イライラの悪循環

イライラする

「悪口を言われる」「テストの結果を叱られる」などの出来事が、イライラのきっかけになっている。それらの出来事に直面するたびにイライラしている

トラブルになる

子どもがイライラをつのらせ、相手に怒りをぶつけてしまい、トラブルが起こる。解決できても、また次の機会には同じようなことが起こる

険悪な関係に

何度もトラブルがくり返されると、子どもと相手の関係は険悪になっていく。それによって、子どもはますますイライラしやすくなる

実践のコツ

具体的に行動を変える

悪循環を絶ち切るためのコツは、子ども本人やまわりの人が、行動をひとつだけ変えること。行動パターンを一気に変えるのは難しいので、できそうなことからはじめます。

テストについて、親が叱り、子どもが反発してトラブルになっているのなら、まず親が行動をひとつ変えてみる。テストを受け取った直後にはよかったところをほめるようにする

イライラしやすい状況をさける

子どもに、イライラしやすい状況には近づかないよう、説明する。また、親も子どもをイライラさせやすい行動はひかえる

身のまわりを整える

待つのが苦手な子なら、待ち時間に読む本を用意するなど、道具や設備の面を見直す

仕返しをしない

子どもに仕返しをしないように言い聞かせる。やり返すと問題が悪化することを教える

相談することを教える

困ったら、とにかく親や先生に「たすけて」と言って相談することを教える

親も行動を変え、子どもも変えて、一気に見直そうとすると、難しくて挫折してしまう

子どもが物音や気温の変化などに敏感でイライラしているのに、なにも対応しない

対応 14

イライラの消し方

体を動かしてエネルギーを発散させる

目標

意識を強制的に切り替える

イライラしたときに体を動かすと、動作に意識が集中します。ムカついて、そのことを考え続ける負の連鎖から、意識を強制的に切り替えることができるのです。

嫌なことがあった日は、公園へ行ってバスケットボールをしてもよいことに。勉強や家事など、多少のことは免除する

イライラが薄れる

意識が動作に集中するため、そのぶん、出来事や相手へのいらだちから意識が離れる。イライラが弱くなる

↔

動作に集中する

体を動かすと、意識は自然と、その動作に集中していく。ASDがあり、考えこむのがくせになっている子にはとくに有効

子どもが運動などをして、イライラをおさえることができたら、それをねぎらい、ほめる

実践のコツ

無心になって できることをする

体を動かすことのなかでも、子どもが楽しめること、熱中して無心になってできることを、すすめましょう。退屈な動作では、動きながら考えこんでしまいます。

好きな運動に熱中する

子どもには、イライラしたら好きな運動をするように伝えておく。夜遅くや授業中は難しいので、放課後に運動できるようにする。散歩でもよい。ADHDの子にはとくに効果が高い

できたらほめる

イライラを自分でコントロールできるのは、すごいこと。子どものがんばりをしっかりほめてあげる

テレビゲームなど熱中しすぎることはさける

無心になってできることだとしても、テレビゲームのように、熱中しすぎて他のことがおろそかになる活動は、さけましょう。

とくにASDの子は、趣味の活動への没頭がよくみられます。やりすぎないように、親が見守る必要があります。

×

習い事で体を使わせようとすると、その人間関係が新たなイライラをうむこともある

熱中するのはよいが、長時間やりすぎると負担になる。せいぜい30分程度にする

対応 15

イライラの消し方

怒りをしずめる言葉をもっておく

目標

いざというときの備えをもつ

どれだけ対策をとっても、イライラすることはなくなりません。また、いつもその場を離れられるわけでもないでしょう。「言葉」が、さらなる備えになります。

相手の立場を考える習慣がついても、ぶつかられたらイライラする。立場を考える前に爆発しそうになることもある

ムカつくことはなくならない

行動パターンを変えたり、体を動かす習慣をつけたりすることができても、ムカつくことはある

最初はやっぱりイライラする

ムカつくことに直面したとき、最初に思い浮かぶ感情はイライラ。それは変えられない

実践のコツ

イラッとしたら言葉をとなえる

子どもが、怒りをしずめるキーワードをもてるようにサポートします。子どもには、イライラしたときにその言葉を心のなかでとなえるよう、教えておきましょう。

授業中にミスをしてイライラしたら、深呼吸しながら「大丈夫」という言葉を思い浮かべる

怒りをしずめる言葉を探す

「この言葉を思い浮かべるとホッとする」というキーワードを用意する。ASDの子には、言葉を文字で書いてみせるとわかりやすい

キーワードの例

- （悪口に対して）あんなのはただの音だ
- また明日。また明日、考えよう
- いやいや、なんとかなるさ。大丈夫

イライラしたら心でとなえる

いらだちがつのってきたら、キーワードを心のなかでとなえる。何度もくり返す

成功体験が積める

言葉をとなえてリラックスできると、それが成功体験となり、子どもの自信につながる

×

キーワードをとなえたあとに「本当に大丈夫かな」などと、言葉を広げて悩んでしまう

いじめられたり、暴力をふるわれたりしていることまで、我慢している

上級編の効果

大爆発することがほとんどなくなる

理解のポイント

トラブルが減れば、大成功

　上級編ではイライラを減らす方法にとりくみますが、すぐに成功し、効果が出るとはかぎりません。まずはトラブルが減れば成功だと考えましょう。

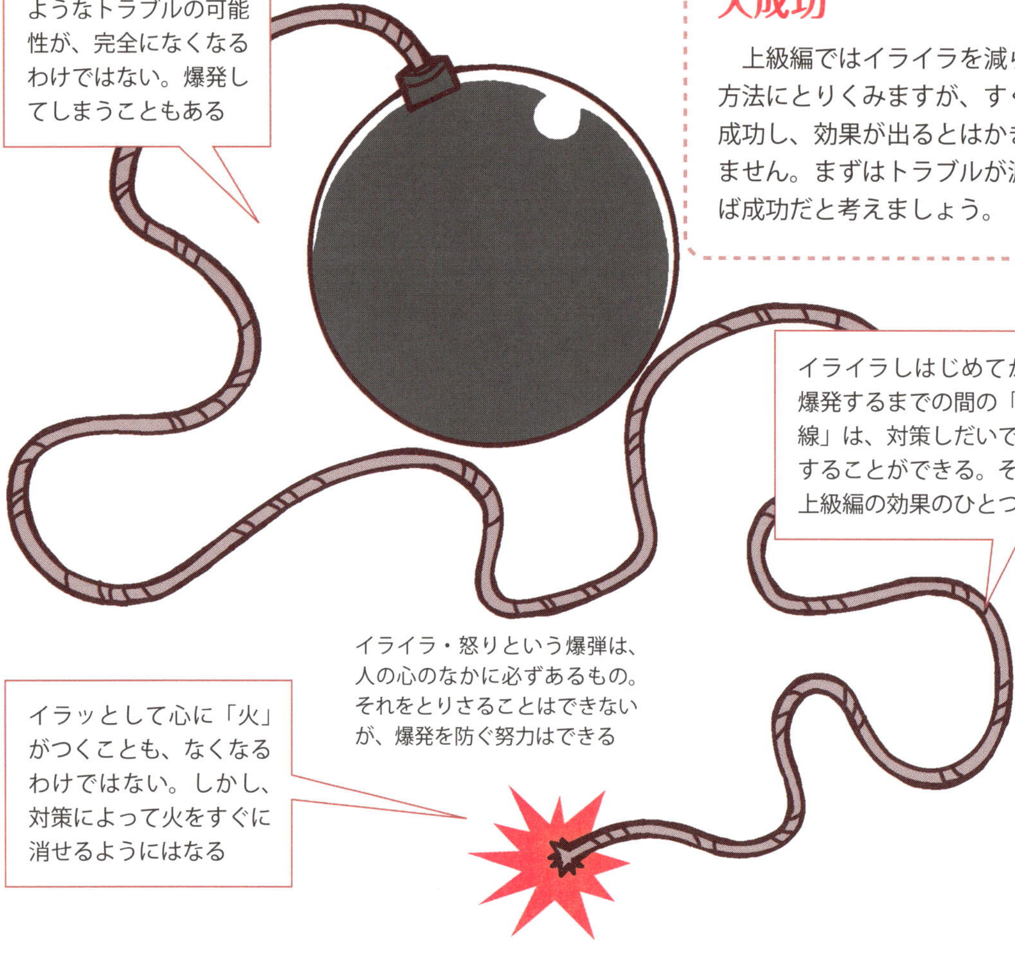

イライラを相手にぶつけてしまう「爆弾」のようなトラブルの可能性が、完全になくなるわけではない。爆発してしまうこともある
イライラしはじめてから、爆発するまでの間の「導火線」は、対策しだいで長くすることができる。それが上級編の効果のひとつ
イライラ・怒りという爆弾は、人の心のなかに必ずあるもの。それをとりさることはできないが、爆発を防ぐ努力はできる
イラッとして心に「火」がつくことも、なくなるわけではない。しかし、対策によって火をすぐに消せるようにはなる

対応のポイント

一つひとつの進歩を大切に

イライラ対策には、じっくりとりくんでください。トラブルをひとつ減らせたら、それを親子でいっしょに喜びましょう。先を急がず、一歩ずつ進んでいってください。

イライラ対策に成功したら、シールを１枚貼ることにすると、子どもがモチベーションをもってとりくめる。成長を実感できる

小さな成功を喜ぶ

いくつも対策をとるなかで、ひとつでもうまくいったら、子どもをほめ、親子で喜びや感動を共有する

記録をとって励みにする

イライラした出来事やその対策を書きとめておくと、その記録を通じて子どもの成長が感じとれる。記録が励みになる

有光アドバイス

完璧な人なんて、どこにもいません

親子でいっしょにイライラや怒りと向き合い、適切な対策にとりくんでいけば、子どものイライラは減ります。イライラは、消えるものなのです。

ただし、一生懸命やっても、うまくいかないときもあります。人間は完璧ではありません。

自分のやり方が間違っているとわかっていても変えられないときが、誰にでもあるでしょう。急がず、あせらず、完璧を求めずに、本書を使ってみてください。

Column

活用したい
怒りを消し去るセリフ10

ぼくは がんばってる
（努力を肯定する）

勝ち負けより、楽しもう
（結果にこだわらない）

いまの自分を肯定する

結果や評価にとらわれていると、イライラしやすくなります。自分の努力や希望、考えを肯定し、主体的に発言しましょう。大きな声を出すことも、主体性につながります。

ふーん、そうなんだ
（人の意見を気にしすぎない）

昔のことは、いいや
（過去にとらわれない）

こういうこともあるさ
（出来事にとらわれない）

嫌だからやめて
（我慢しすぎない）

○○したいな
（義務ではなく希望を言う）

おはよう！
（元気に挨拶する）

わっはっは！
（思いきり笑う）

決めつけないでよ
（レッテルを拒否する）

■ 監修者プロフィール

有光興記（ありみつ・こうき）

1971年兵庫県生まれ。関西学院大学文学部総合心理科学科教授。博士（心理学）、臨床心理士。

認知行動療法をベースに、発達障害の子へのソーシャルスキルトレーニングを実践している。その成果をまとめた既刊『発達障害の子のコミュニケーション・トレーニング』（講談社刊）が好評。

● 編集協力
オフィス２０１

● カバーデザイン
谷口博俊
[next door design]

● 本文デザイン
南雲デザイン

● 本文イラスト
めやお

健康ライブラリー

発達障害《はったつしょうがい》の子《こ》の「イライラ」コントロール術《じゅつ》

2015年８月25日　第1刷発行
2022年５月27日　第13刷発行

監修	有光興記（ありみつ・こうき）
発行者	鈴木章一
発行所	株式会社 講談社 東京都文京区音羽２丁目-12-21 郵便番号　112-8001 電話番号　編集　03-5395-3560 販売　03-5395-4415 業務　03-5395-3615
印刷所	凸版印刷株式会社
製本所	株式会社若林製本工場

N.D.C.378　98p　21cm

ISBN978-4-06-259697-8

■ 参考資料・参考文献

トニー・アトウッド著、辻井正次監訳、東海明子訳『ワークブック　アトウッド博士の〈感情を見つけにいこう〉1 怒りのコントロール　アスペルガー症候群のある子どものための認知行動療法プログラム』（明石書店）

安藤俊介著『「怒り」のマネジメント術　できる人ほどイライラしない』（朝日新聞出版）

パット・ハーヴェイ／ジェニーン・A・ペンツォ著、石井朝子監訳、小川真弓訳『家庭と学校ですぐに役立つ　感情を爆発させる子どもへの接し方　DBT［弁証法的行動療法］スキルで感情と攻撃性をコントロールする方法』（明石書店）

ドーン・ヒューブナー著、ボニー・マシューズ絵、上田勢子訳『だいじょうぶ　自分でできる怒りの消火法ワークブック　［イラスト版　子どもの認知行動療法 2］』（明石書店）

水島広子著『すべての「イライラ」を根っこから絶ち切る本』（永岡書店）

ジェリー・ワイルド著、鈴村俊介訳、ふじわらひろこ絵『自分の怒りをしずめよう　子どものためのアンガー・マネージメント・ガイド』（東京書籍）

KODANSHA